Impressum
Verlag: BABADADA GmbH, Nedderfeld 112 , 22529 Hamburg
Geschäftsführer / Verlagsleitung: Harald Hof
Druck: Books on Demand GmbH, In de Tarpen 42, 22848 Norderstedt

Imprint
Publisher: BABADADA GmbH, Nedderfeld 112 , 22529 Hamburg, Germany
Managing Director / Publishing direction: Harald Hof
Print: Books on Demand GmbH, In de Tarpen 42, 22848 Norderstedt, Germany

shkolla
المدرسة

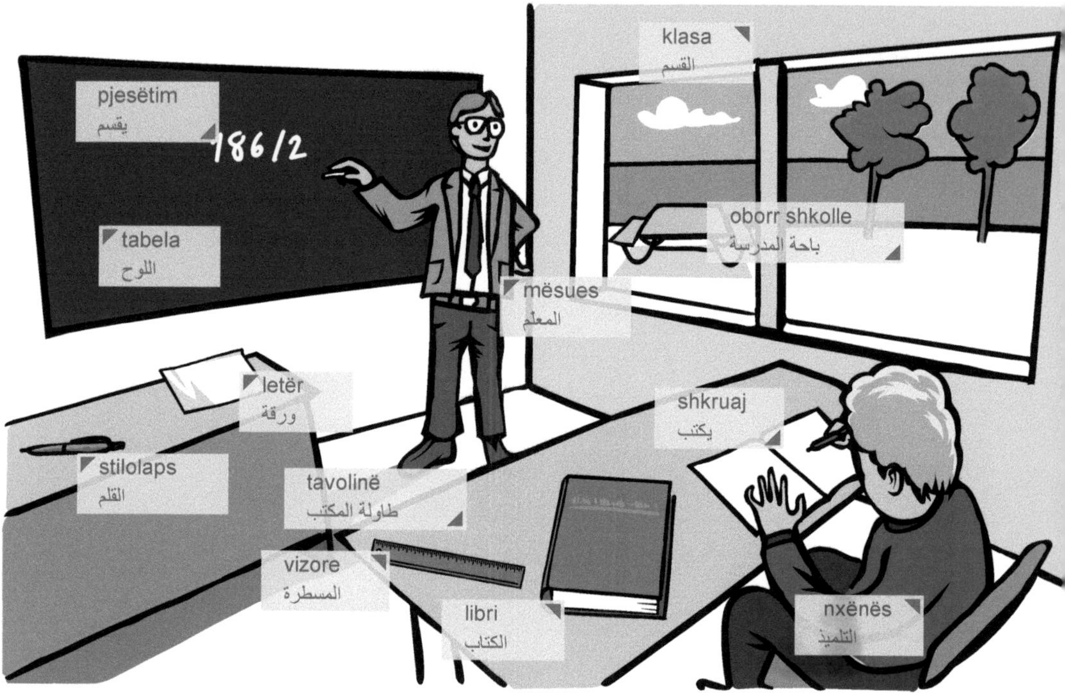
pjesëtim
يقسم
186/2
tabela
اللوح
klasa
القسم
oborr shkolle
باحة المدرسة
mësues
المعلّم
letër
ورقة
shkruaj
يكتب
stilolaps
القلم
tavolinë
طاولة المكتب
vizore
المسطرة
libri
الكتاب
nxënës
التلميذ

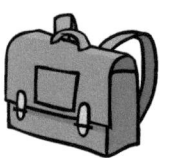

çantë

الحقيبة المدرسية

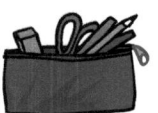

mbajtëse lapsash

المقلمة

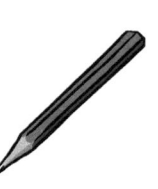

laps

قلم الرصاص

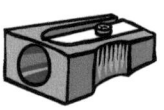

mprehës lapsash

البرّاية

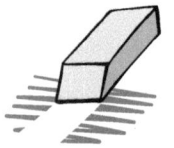

gomë

المِمحاة

fletore vizatimi

دفتر الرسم

vizatim

الرسمة

penel

الفرشاة

kuti bojërash

علبة التلوين

gërshërë

المقص

ngjitës

المادة اللاصقة

fletore detyrash

دفتر التمارين

detyrë shtëpie

الواجب المدرسي

numër

الرقم

mbledh

يجمع

zbres

يطرح

shumëzoj

يضرب

llogaris

يحسب

gërmë

الحرف

alfabeti

الأبجدية

fjalë

كلمة

tekst

النص

lexoj

يقرأ

shkumës

الطبشور

mësim

الحصة

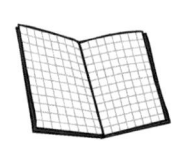

regjistër

دفتر الدوام المدرسي

provim

الامتحان

çertifikatë

شهادة

uniformë shkolle

اللباس المدرسي

arsimim

التعليم

enciklopedia

الموسوعة

universitet

الجامعة

mikroskop

المجهر

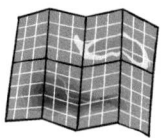

hartë

الخريطة

kosh letrash

قمامة

udhëtim
سفر

hotel
فندق
Grand
bujtinë
بيت الشباب
ROOMS
pikë këmbimi valutor
مكتب صرافة
EXCHANGE
valixhe
حقيبة
makinë
سيارة

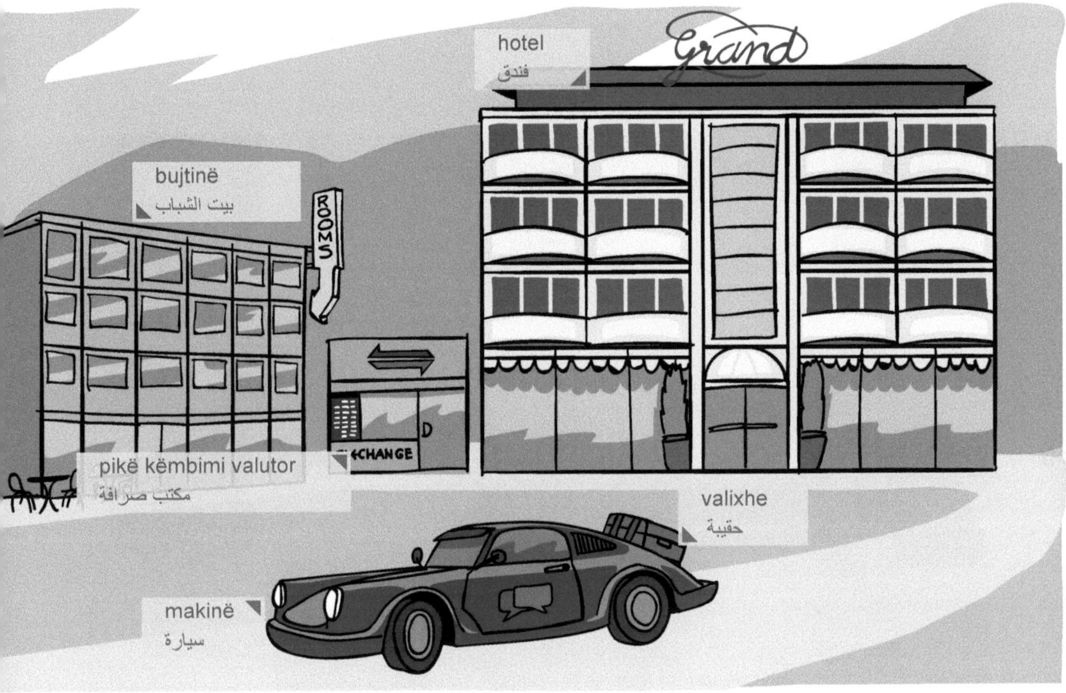

gjuhë

اللغة

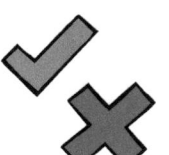

po / jo

نعم / لا

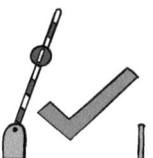

Në rregull

حسناً

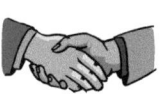

ç'kemi

مرحباً

përkthyes

مترجم

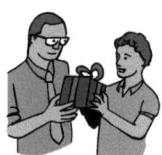

Faleminderit

شكراً

sa kushton...?

كم ثمن ... ؟

nuk e kuptoj

لا أفهم

problem

مشكلة

Mirëmbrëma!

مساء الخير

Mirëmëngjes!

صباح الخير!

Natën e mirë!

ليلة سعيدة

mirupafshim

إلى اللقاء

drejtim

اتجاه

bagazhet

أمتعة السفر

çantë

حقيبة

çantë shpine

حقيبة ظهر

mysafir

ضيف

dhomë

غرفة

thes gjumi

كيس للنوم

tendë

خيمة

informacion për turistët

استعلامات سياحية

plazh

شاطئ

kartë krediti

بطاقة ائتمان

mëngjes

إفطار

drekë

طعام الغداء

darkë

العشاء

Biletë

بطاقة سفر

ashensor

مصعد

pulla

طابع بريدي

kufi

حدود

doganë

الجمارك

ambasadë

سفارة

vizë

تأشيرة

pasaportë

جواز سفر

transport

نقل

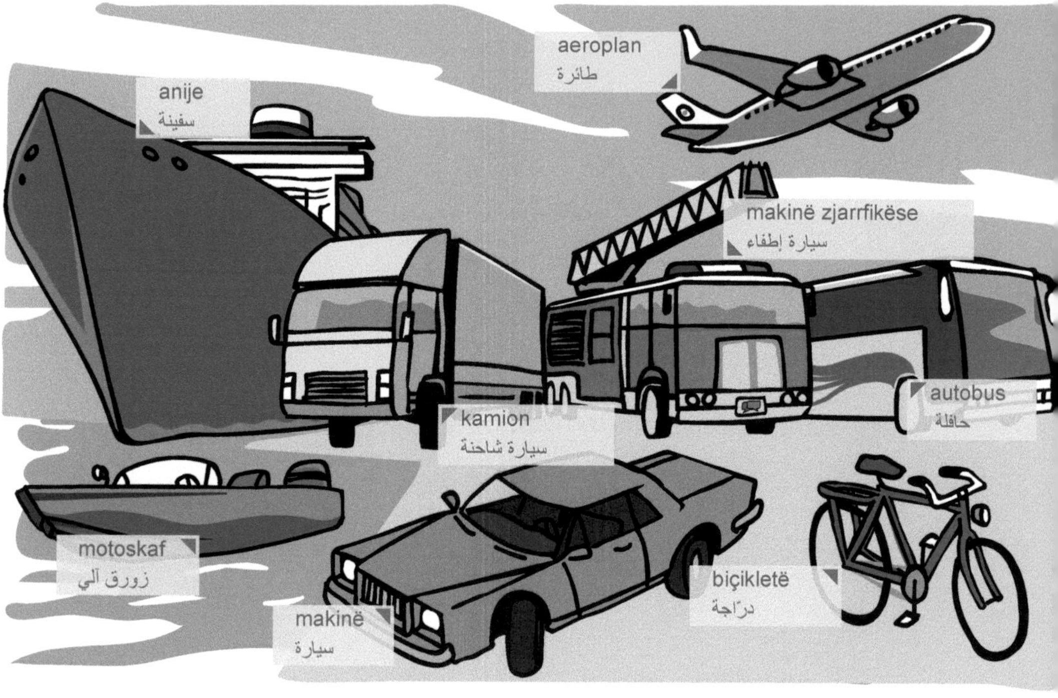
aeroplan
طائرة
anije
سفينة
makinë zjarrfikëse
سيارة إطفاء
autobus
حافلة
kamion
سيارة شاحنة
motoskaf
زورق آلي
biçikletë
درّاجة
makinë
سيارة

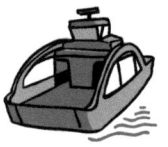

traget

عبارة

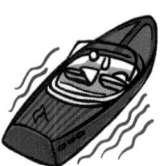

varkë

قارب

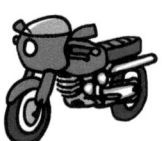

motoçikletë

دراجة نارية

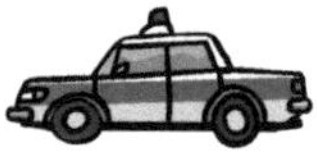

makinë policie

سيارة شرطة

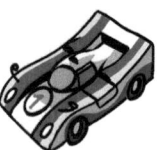

makinë garash

سيارة سباق

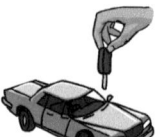

makinë me qira

سيارة مستأجرة

ndarje e qirasë së makinës

أسلوب تشاركي في استئجار السيارات

karroatrec

سيارة للجر

makinë plehrash

سيارة نقل القمامة

motor

محرك

benzinë

وقود

pikë karburanti

محطة وقود

sinjalistikë trafiku

إشارة مرور

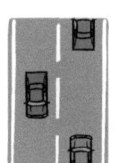

trafik

حركة السير

bllokim trafiku

ازدحام سير

parkim makinash

موقف سيارات

stacion treni

محطة قطار

trase

سكك حديدية

tren

قطار

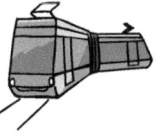

tramvaj

ترام

karro

عربة قطار

helikopter

طائرة مروحية

aeroport

مطار

kullë

برج

pasagjer

مسافر

kontenier

حاوية

kuti kartoni

علبة كرتون

qerre

عربة يد

shportë

سلّة

ngrihem / ulem

يقلع / يهبط

qytet

مدينة

fshat

قرية

qendra e qytetit

مركز المدينة

shtëpi

بيت

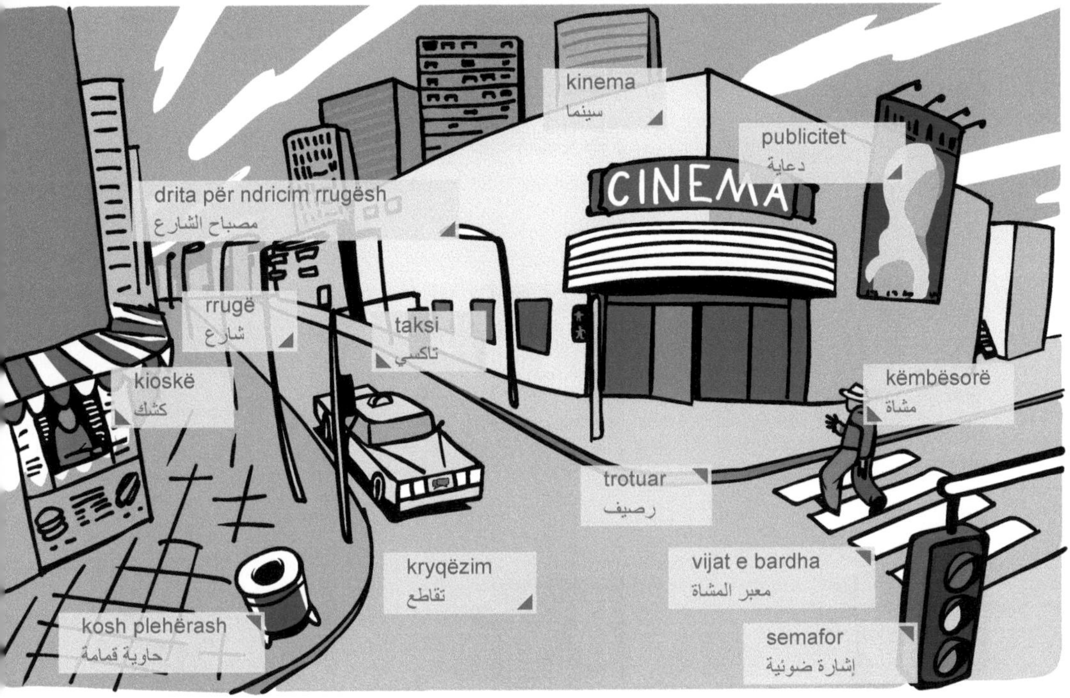
kinema
سينما
publicitet
دعاية
CINEMA
drita për ndricim rrugësh
مصباح الشارع
rrugë
شارع
taksi
تاكسي
kioskë
كشك
këmbësorë
مشاة
trotuar
رصيف
kryqëzim
تقاطع
vijat e bardha
معبر المشاة
kosh plehërash
حاوية قمامة
semafor
إشارة ضوئية

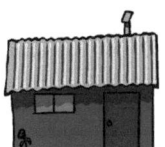

kasolle

كوخ

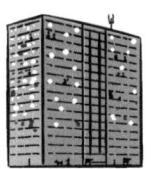

apartament

شقة

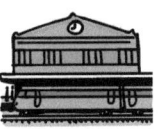

stacion treni

محطة قطار

bashki

دار البلدية

MUSEUM
muze

متحف

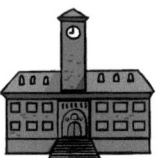

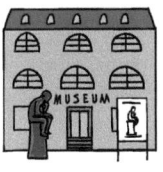

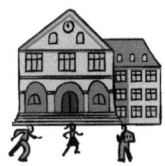

shkolla

المدرسة

universitet

الجامعة

bankë

مصرف

spital

المستشفى

hotel

فندق

farmaci

صيدلية

zyrë

مكتب

librari

مكتبة

dyqan

متجر

dyqan lulesh

محل لبيع الزهور

supermarket

سوبرماركت

market

سوق

mapo

متجر كبير

dyqan peshku

تاجر السمك

qëndër tregtare

مركز تسوّق

port

ميناء

park

حديقة عامة

stol

مقعد

urë

جسر

shkallë

درج، سلم

metro

مترو

tunel

نفق

stacion autobuzi

موقف حافلات

bar

بار

restorant

مطعم

kuti postare

صندوق البريد

sinjalistikë rrugore

لافتة باسم الشارع

kohëmatës parkimi

مقياس زمن الوقوف

kopsht zoologjik

حديقة حيوانات

pishinë

مسبح

xhami

مسجد

fermë

مزرعة

ndotje

تلوث البيئة

varrezë

مقبرة

kishë

كنيسة

shesh lojërash

ملعب الأطفال

tempull

معبد

peisazh

طبيعة ريفية

gjethe
ورقة

tabela orientuese
علامة إرشاد

rrugë
طريق

livadh
مرج

gurë
حجر

ekskursionist
رحالة

pemë
شجرة

lumë
نهر

bar
عشب

lule
زهرة

luginë

وادٍ

kodër

جبل

liqen

بحيرة

pyll

غابة

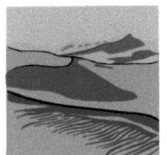

shkretëtirë

صحراء

vullkan

بركان

kështjellë

قلعة

ylber

قوس قزح

kepudhë

فطر

palmë

نخلة

mushkonjë

بعوض

mizë

ذبابة

milingonë

نملة

bletë

نحلة

merimangë

عنكبوت

brumbull

خنفساء

bretkosë

ضفدعة

ketër

سنجاب

iriq

قنفذ

lepur

أرنب

buf

بومة

zog

عصفور

mjellmë

بجعة

derr i egër

خنزير برّي

dre

غزال

dre brilopatë

إلكة

digë

سد

turbinë ere

دولاب الطاحونة الهوائية

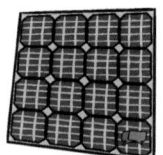

panel diellor

خلية شمسية

klimë

مناخ

restorant

مطعم

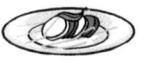

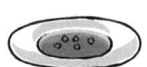

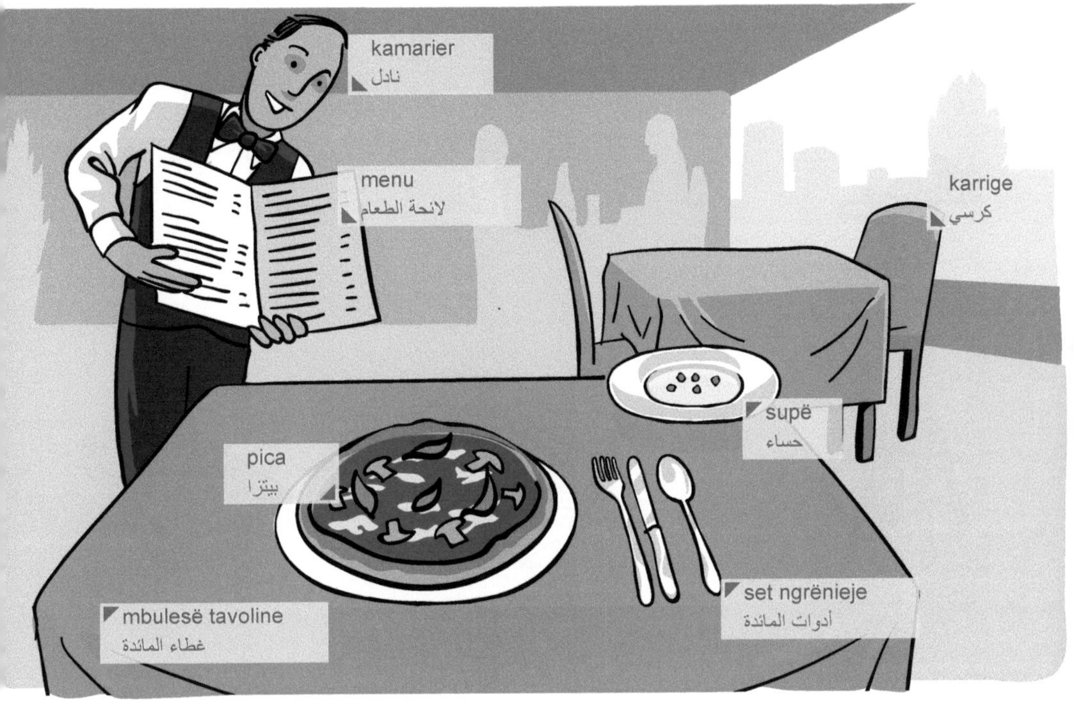
kamarier
نادل
menu
لائحة الطعام
karrige
كرسي
supë
حساء
pica
بيتزا
set ngrënieje
أدوات المائدة
mbulesë tavoline
غطاء المائدة

pjatë e parë
....
مقبلات

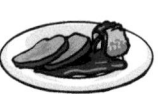

pjatë kryesore
....
الصحن الرئيسي

ëmbëlsirë
....
حلوى أو فاكهة بعد الطعام

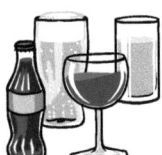

pije
....
مشروبات

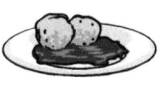

ushqim
....
طعام

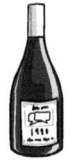

shishe
....
زجاجة

ushqim i shpejtë

وجبات سريعة

ushqim i shërbyer në rrugë

طعام الشارع

ibrik çaji

إبريق الشاي

kuti sheqeri

علبة السكر

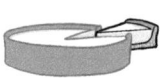

racion

حصّة

makinë kafeje ekspres

آلة الإسبريسو

karrige e lartë

كرسي عالٍ

faturë

فاتورة

tabaka

صينية

thika

سكين

pirun

شوكة

lugë

ملعقة

lugë çaji

ملعقة الشاي

pecetë

منديل المائدة

gotë

كأس

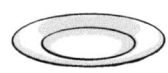

pjatë

صحن

pjatë supe

صحن الحساء

pjatë filxhani

صحن الفنجان

salcë

صلصة

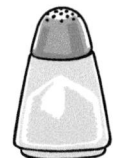

mbajtëse kripe

مملحة

mulli piperi

مطحنة الفلفل

uthull

خلّ

vaj

زيت الطعام

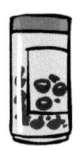

erëza

توابل

keçap

كتشاب

mustardë

خردل

majonezë

مايونيز

supermarket

سوبرماركت

ofertë speciale
عرض خاص
FOR
klient
زبون
produkte bulmeti
مشتقات الحليب
frut
فواكه
karrocë pazari
عربة تسوّق

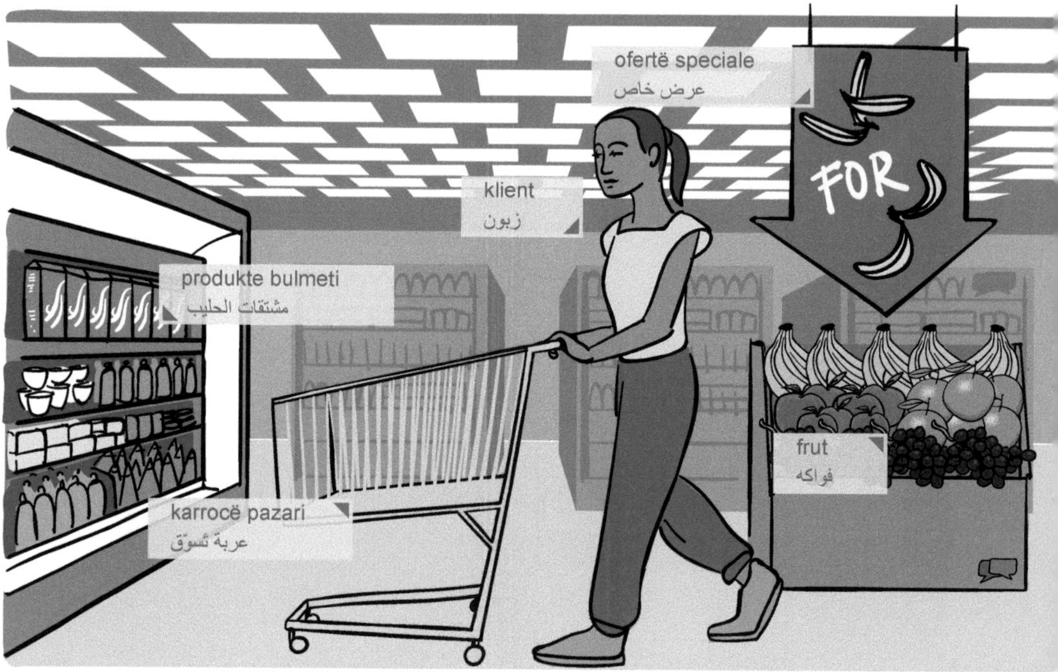

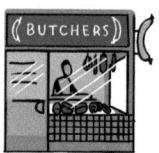

BUTCHERS

dyqan mishi

جزّار

BAKERY

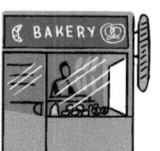

furrë buke

مخبز

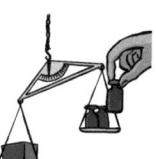

peshoj

يزن

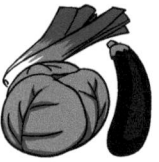

perime

خضار

mish

لحم

ushqim i ngrirë

المأكولات المجمّدة

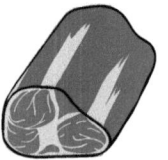

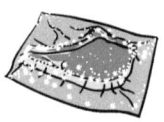

copë

مرتدلا أو جبن

ushqim i konservuar

معلّبات

pluhur larës

مسحوق الغسيل

ëmbëlsirat

حلويات

prodhime shtëpie

المواد المنزلية

produkte pastrimi

منظّفات

shitëse

بائعة

kasë fiskale

صندوق الحساب

arkëtar

أمين صندوق

listë blerjeje

قائمة المشتريات

oraret e punës

أوقات العمل

portofol

محفظة النقود

kartë krediti

بطاقة ائتمان

çantë

حقيبة

qese plastike

كيس بلاستيكي

ujë

ماء

lëng frutash

عصير

qumësht

حليب

koka-kola

كولا

verë

نبيذ

birrë

بيرة

alkool

كحول

kakao

كاكاو

çaj

شاي

kafe

قهوة

kafe ekspres

قهوة إسبريسو

kapuçino

كابوتشينو

banane

موزة

mollë

تفاح

portokalle

برتقال

pjepër

بطيخ

limon

ليمون

karrotë

جزرة

hudhër

ثوم

bambu

خيزران

qepë

بصل

kërpudha

فطر

arra

لوزيات

makarona

شعيرية

spageti

سباغيتي

oriz

أرزّ

sallatë

سلطة

patate të skuqura

بطاطا مقلية

patate të skuqura

بطاطا مقلية

pica

بيتزا

hamburger

هامبورغر

sanduiç

ساندويش

shnicel

شريحة لحم مقلية

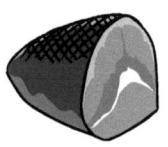

proshutë

لحم خنزير

sallam

سلامي

salçiçe

سجق

pulë

دجاج

skuq

لحم محمر

peshk

سمك

tërshërë

دقيق الشوفان

drithëra

موسلي

kornfleiks

كورن فلكس

miell

طحين

kruasant

كرواسان

panine

خبز صغير

bukë

خبز

tost

خبز محمص

biskotë

بسكويت

gjalp

زبدة

gjizë

لبن زبادي

tortë

كعكة

vezë

بيضة

vezë sy

بيض مقلي

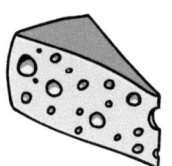

djathë

جبنة

akullore

مثلجات

sheqer

سكر

mjaltë

عسل

marmaladë

مربّى الفاكهة

çokokrem

كريم النوغا

këri

الكاري

fermë
مزرعة

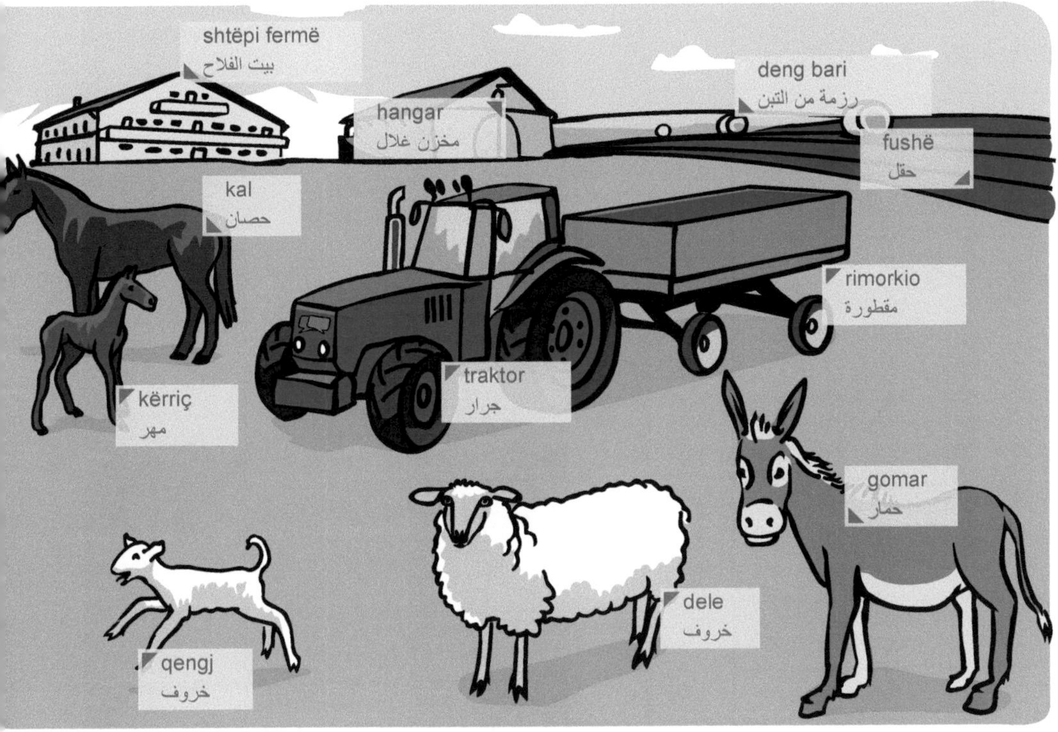
shtëpi fermë
بيت الفلاح
hangar
مخزن غلال
deng bari
رزمة من التبن
fushë
حقل
kal
حصان
rimorkio
مقطورة
traktor
جرار
kërriç
مهر
gomar
حمار
dele
خروف
qengj
خروف

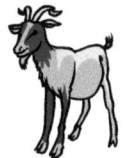

dhi
....
ماعز

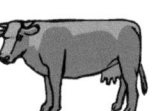

lopë
....
بقرة

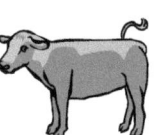

viç
....
عجل

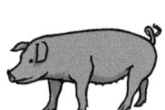

derr
....
خنزير

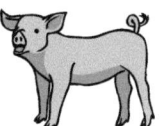

derrkuc
....
خنزير صغير

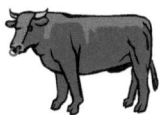

dem
....
ثور

patë

اوزّة

rosë

بطة

zog pule

صوص

pulë

دجاجة

gjel

ديك

mi

جرذ

mace

قطّة

mi

فأر

buall

ثور

qen

كلب

kolibe qeni

كوخ الكلب

zorrë vaditëse

خرطوم الحديقة

vaditëse

إبريق

kosë

منجل

plug

المحراث

drapër

منجل

shat

معزقة

kosa

مذراة الزبل

sëpatë

بلطة

karrocë

عربة يد

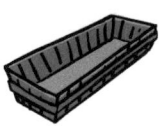

govatë

معلف

bidon qumështi

صفيحة الحليب

thes

كيس

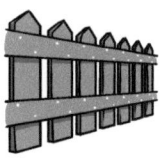

gardh

سياج

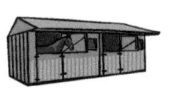

ahur

اصطبل

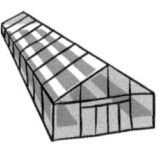

serë

دفيئة

dhe

تربة

farë

بذور

pleh

سماد

autokombanjë

حصّادة درّاسة

korr

يحصد

te korrat

محصول

patate e ëmbël "Yam"

بطاطا يامس

grurë

قمح

soja

صويا

patate

بطاطا

misër

ذرة

raps

سلجم

pemë frutore

شجرة فاكهة

zhardhok manioku

نبات منيهوت

drithëra

الحبوب

shtëpi

بيت

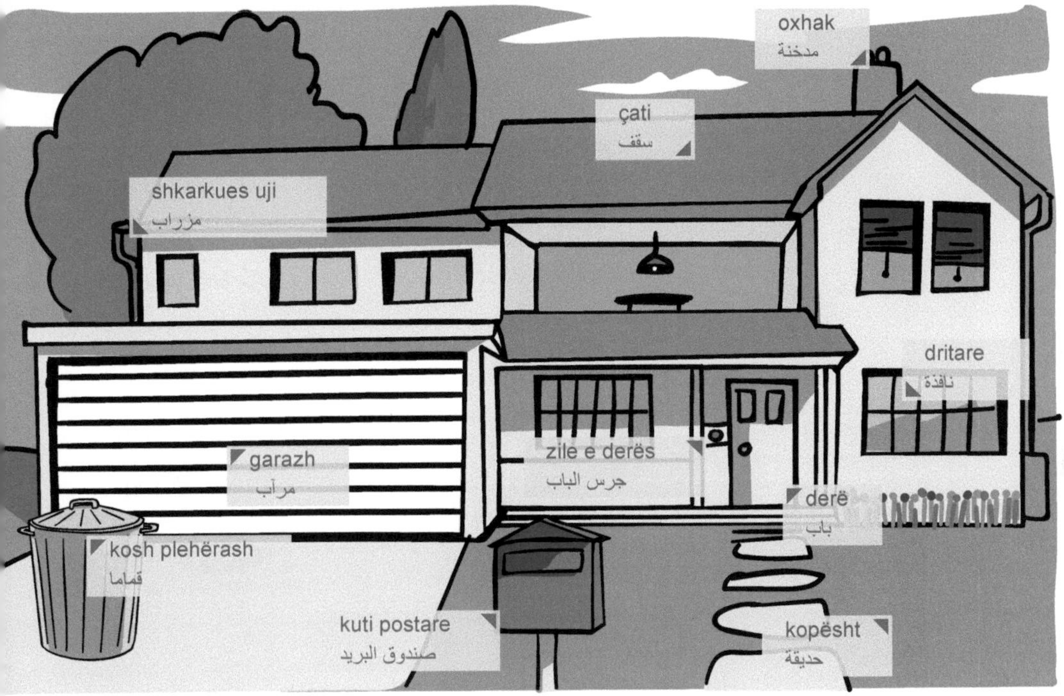

oxhak
مدخنة
çati
سقف
shkarkues uji
مزراب
dritare
نافذة
garazh
مرآب
zile e derës
جرس الباب
derë
باب
kosh plehërash
قماما
kuti postare
صندوق البريد
kopësht
حديقة

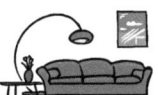

dhomë ndenjeje

غرفة جلوس

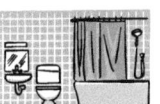

tualet

الحمّام

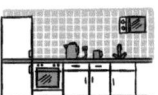

kuzhinë

مطبخ

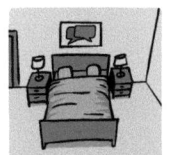

dhomë gjumi

غرفة النوم

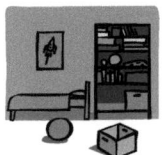

dhomë fëmijësh

غرفة الأطفال

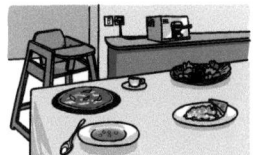

dhomë ngrënieje

غرفة الطعام

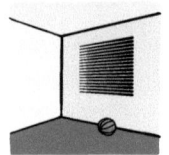

dysheme

أرضية

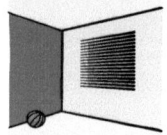

mur

حائط

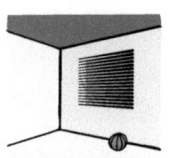

tavan

سقف

bodrum

قبو

sauna

ساونا

ballkon

بلكون

tarracë

شرفة

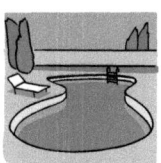

pishinë

مسبح

kositëse bari

جزّازة العشب

çarçaf

بياضات السرير

kuvertë

بطانية

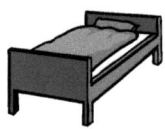

krevat

سرير

fshesë dore

مكنسة

kovë

سطل

çelës

مفتاح كهربائي

dhomë ndenjeje
غرفة جلوس

tapiceri
ورق جدران
fotografi
صورة
llambë
مصباح كهربائي
raft
رف
dollap
خزانة
pajisje televizive
تلفزيون
vatër
موقد مفتوح
lule
زهرة
jastëk
وسادة
divan
كنبة
vazo
مزهرية
telekomandë
تحكم عن بعد

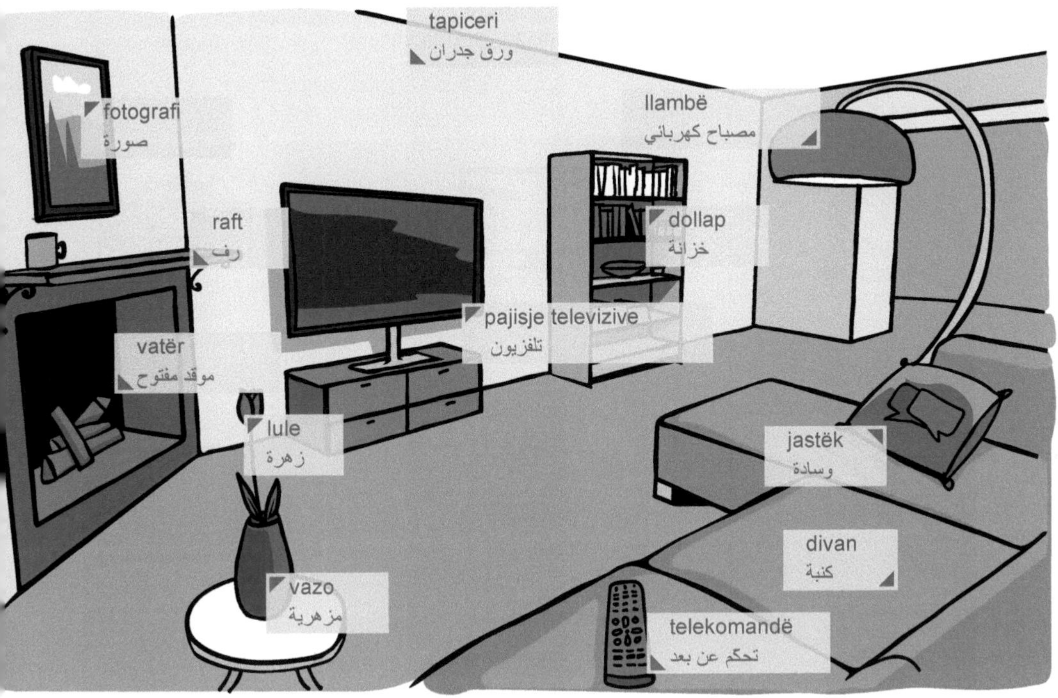

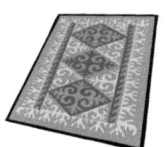

qilim

بساط

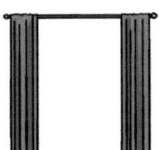

perde

ستارة

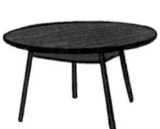

tavolinë

طاولة

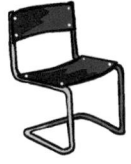

karrige

كرسي

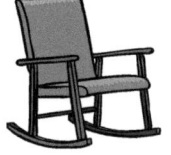

karrige lëkundëse

كرسي هزّاز

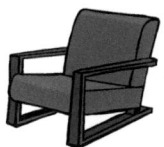

kolltuk

كرسي ذو ذراعين

libri

الكتاب

batanije

بطانية

zbukurime

زخرفة

dru zjarri

الحطب

film

فيلم

stereo

تجهيزات ستيريو

çelës

مفتاح

gazetë

جريدة

pikturë

لوحة مرسومة

afishe

مُلصق

radio

راديو

bllok shënimesh

دفتر ملاحظات

fshesë me korent

المكنسة الكهربائية

kaktus

صبّار

qiri

شمعة

kuzhinë
مطبخ

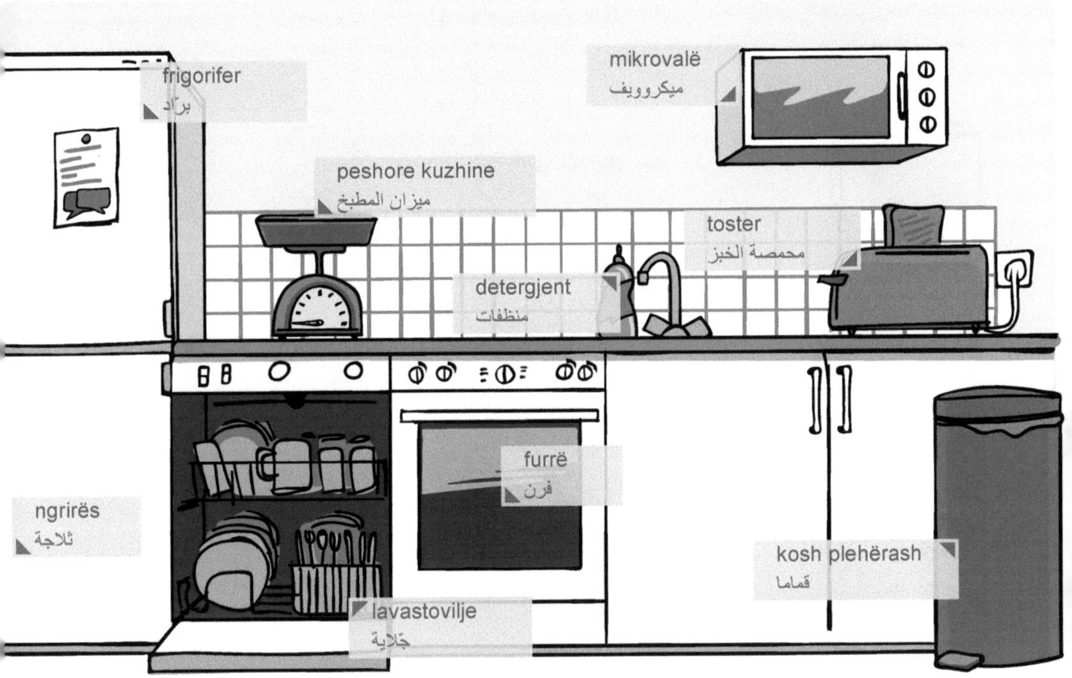
frigorifer
برّاد
mikrovalë
ميكروويف
peshore kuzhine
ميزان المطبخ
toster
محمصة الخبز
detergjent
منظفات
furrë
فرن
ngrirës
ثلاجة
kosh plehërash
قماما
lavastovilje
جَلاية

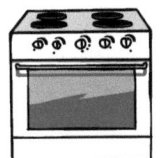

sobë
....
موقد

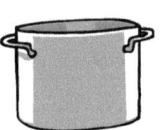

tenxhere
....
قِدر

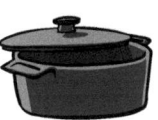

tenxhere me kapak
....
وعاء من الحديد

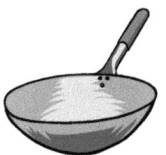

tigan special (Wok)
....
قدر صيني

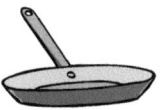

tigan
....
مقلاة

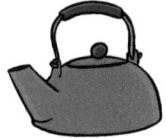

çajnik
....
غلاية

tenxhere me avull

قدر البخار

tavë pjekjeje

صينية

enë

أواني

filxhan

فنجان

tas

صحن

shkopinj

عيدان الأكل

garuzhde

مغرفة

spatul

ملعقة منبسطة

tel kuzhine

خفاقة

kulluese

مصفاة

sitë

مصفاة

rende

ميبشرة

havan

هاون

skarë

شواء

zjarr

موقد

dërrasë për prerje

لوح التقطيع

okllai

نشّابة

heqëse tapash

مفتاح الزجاجات

kanaçe

علبة

hapëse kanaçeje

مفتاح العلب المعدنية

rrobë për të kapur tenxheren

قماش الفرن

lavaman

مجلى

furçë

فرشاة

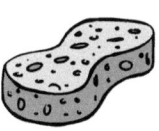

sfungjer

إسفنج

përzjerës

خلاط

ngrirës

مجمّدة

biberon për lëngje

زجاجة الطفل

rubinet

صنبور الماء

tualet

الحمّام

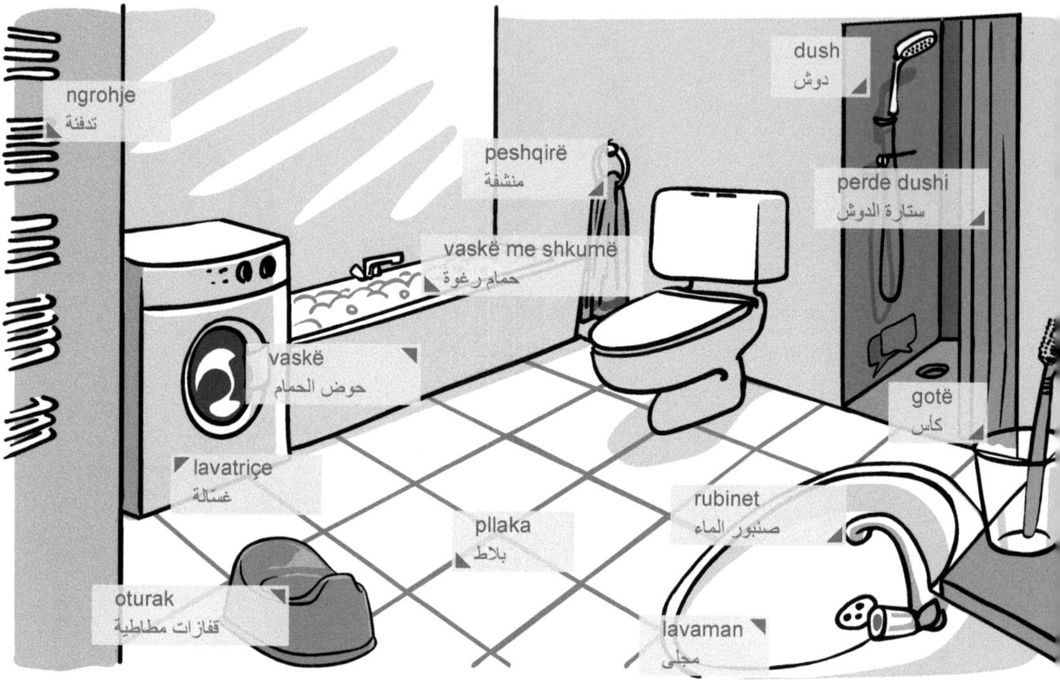
ngrohje
تدفئة
peshqirë
منشفة
dush
دوش
perde dushi
ستارة الدوش
vaskë me shkumë
حمام رغوة
vaskë
حوض الحمام
gotë
كأس
lavatriçe
غسّالة
rubinet
صنبور الماء
pllaka
بلاط
oturak
قفازات مطاطية
lavaman
مجلى

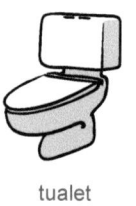

tualet

حمام

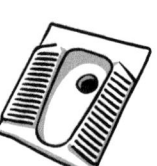

WC e sheshtë

مرحاض القرفصاء

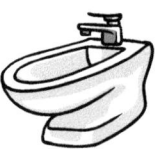

bide

حوض التشطيف

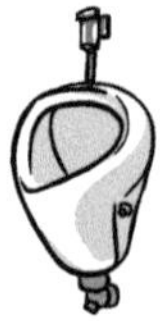

tualet publik

مبولة

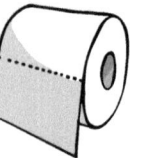

letër higjienike

ورق المرحاض

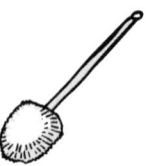

furçe për WC

فرشاة الحمام

furçë dhëmbësh

فرشاة الأسنان

pastë dhëmbësh

معجون الأسنان

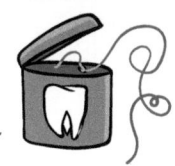

fije dentare

خيط حرير لتنظيف الأسنان

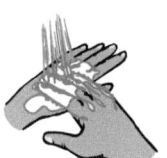

laj

يغسل

dorezë dushi

رشاش ماء يدوي

larës për zonën intime

شطاف

legen

حوض الغسيل

furçë për masazh shpine

فرشاة الظهر

sapun

صابون

shampo trupi

جيل الدوش

shampo

شامبو

leckë pastruese

ممسحة

kullues

مصرف للماء

krem

مرهم

antidjersë

مزيل الروائح

pasqyrë

مرآة

pasqyrë dore

مرآة يد

brisk rroje

موس حلاقة

shkumë rroje

رغوة الحلاقة

locion pas rrojes

كولونيا

krehër

مشط

furçë

فرشاة

tharëse flokësh

سشوار

llak për flokët

مثبت للشعر

grim

ماكياج

buzëkuq

روج

manikyr

طلاء أظافر

mbushje pambuku

قطن

gërshërë për thonj

مقص أظافر

parfum

عطر

çantë për sendet personale

سلّة الغسيل

Stol

مقعد صغير

peshore

ميزان

robëdëshambër

معطف الحمام

dorashka gome

قفازات مطاطية

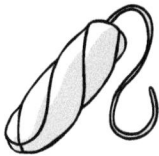

tampon

سدادة قطنية

peceta higjienike

منشفة صحية

tualet I lëvizshëm

تواليت كيميائية

dhomë fëmijësh

غرفة الأطفال

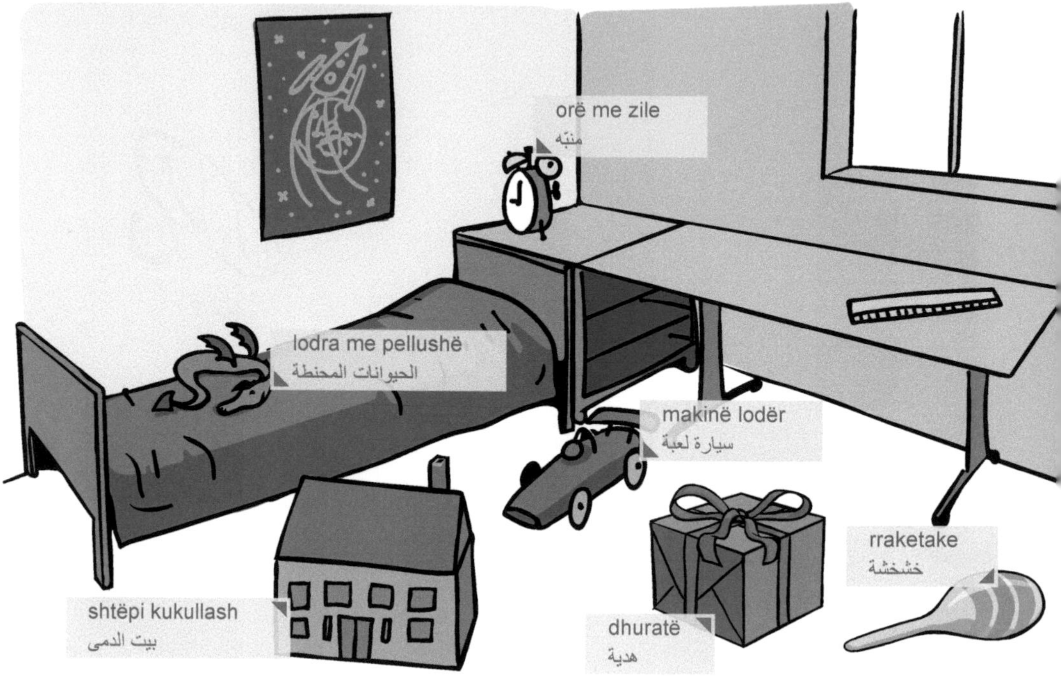

orë me zile
منبّه
lodra me pellushë
الحيوانات المحنطة
makinë lodër
سيارة لعبة
rraketake
خشخشة
shtëpi kukullash
بيت الدمى
dhuratë
هدية

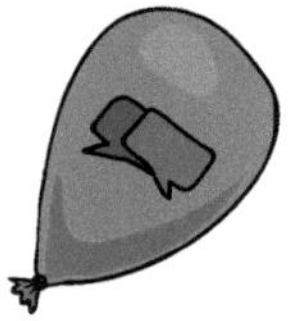

tollumbace

بالون

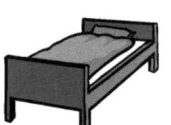

krevat

سرير

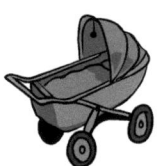

karrocë fëmijësh

عربة الأطفال

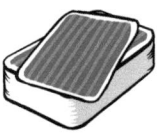

lojë me letra

لعبة الورق

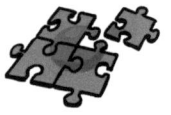

bashkim pjesësh me figura

أحجية

SUPER
MEGA

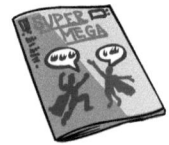

komik

رسوم هزلية

formuese lodër

أحجار الليغو

kuba plastikë

حجارة تركيب

lodra

دمية بطل

badi

لباس الطفل

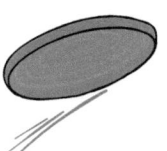

frizbi

فريسبي

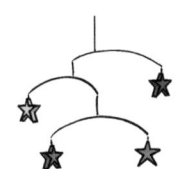

lodra të varura tek krevati i fëmijëve

دمية معلقة

tavolinë lojërash

لعبة الطاولة

zare

لعبة النرد

model treni

لعبة قطار

biberon

مصّاصة

festë

حفلة

libër me ilustrime

كتاب مصوّر

top

كرة

kukull

دمية

luaj

يلعب

grumbull rëre

ملعب رملي للأطفال

kolovarëse

أرجوحة

lodra

لعبة

leva për lojra video

ألعاب فيديو

triçikël

دراجة ثلاثية

arush prej pellushi

دمية على شكل الدب

garderobë

خزانة الثياب

veshje

ثياب

çorape

جوارب قصيرة

çorape të gjata

جوارب طويلة

geta

جورب بنطلون

shall
شال

çadër
شمسية

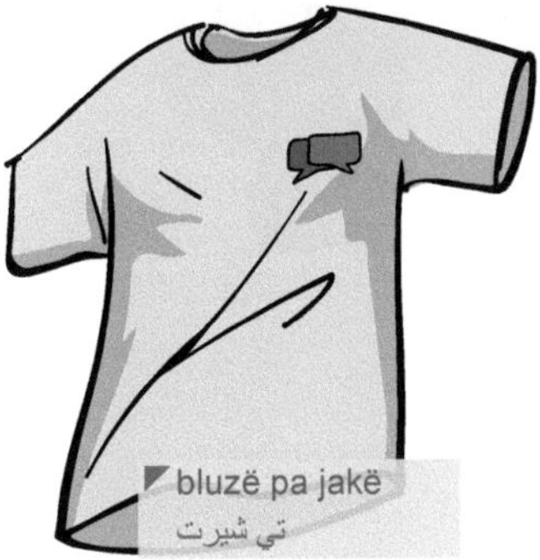

bluzë pa jakë
تي شيرت

rrip
حزام

çizme
حذاء شتوّي

pantofla
شبشب

atlete
أحذية رياضية

sandale
....
صندل

këpucë
....
حذاء

çizme llastiku
....
جزمة كاوتشوك

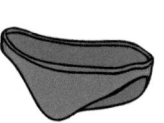

të mbathura
....
سروال داخلي

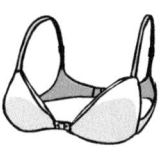

reçipeta
....
صدارة

kanotierë
....
قميص داخلي

trup

لباس ملاصق للجسم

pantallona

بنطلون

xhinse

جينز

fund

تنورة

bluzë

بلوزة

këmishë

قميص

pulovër

سترة قطنية

triko

كنزة كم طويل

xhaketë

سترة فضفاضة

xhaketë

سترة

pallto

معطف

mushama shiu

معطف مطري

kostum

زي - طقم نسائي

fustan

ثوب

fustan nusërie

ثوب الزفاف

kostum

طقم

këmishë nate

قميص نوم

pizhama

بيجاما

sari (veshje tradicionale indiane)

ساري

shami koke

حجاب

çallmë

عمامة

veshje për femrat e besimit musliman

برقع

kaftan (lloj veshjeje tradicionale)

قفطان

ferexhe

عباءة

kostum banje

مايوه

rroba banje

سروال سباحة

pantallona të shkurtra

شرت

tuta sporti

بدلة رياضية

përparëse

مئزر

dorashka

ققازات

kopsë

زر

syze

نظّارة

byzylyk

إسوارة

gjerdan

عقد

unazë

خاتم

vath

قرط

kapuç

طاقية

varëse për pallto

علاقة ثياب

kapele

قبّعة

kravatë

ربطة العنق

zinxhir

سحّاب

helmetë

خوذة

tiranda

حمّالة البنطلون

uniformë shkolle

اللباس المدرسي

uniformë

زيّ موحّد

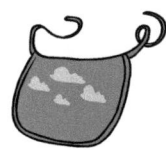

gushore

مريلة الأطفال

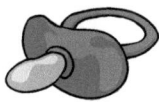

biberon

مصّاصة

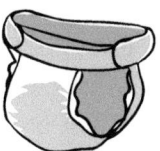

pelenë

لفافة

zyrë

مكتب

server
المخدّم
skedar
خزانة الملقات
printer
طابعة
letër
ورقة
ekran
شاشة
maus
فارة
tavolinë
طاولة المكتب
dosje
ملف
tastierë
لوحة المفاتيح
kosh letrash
قمامة
kompjuter
حاسوب
karrige
كرسي

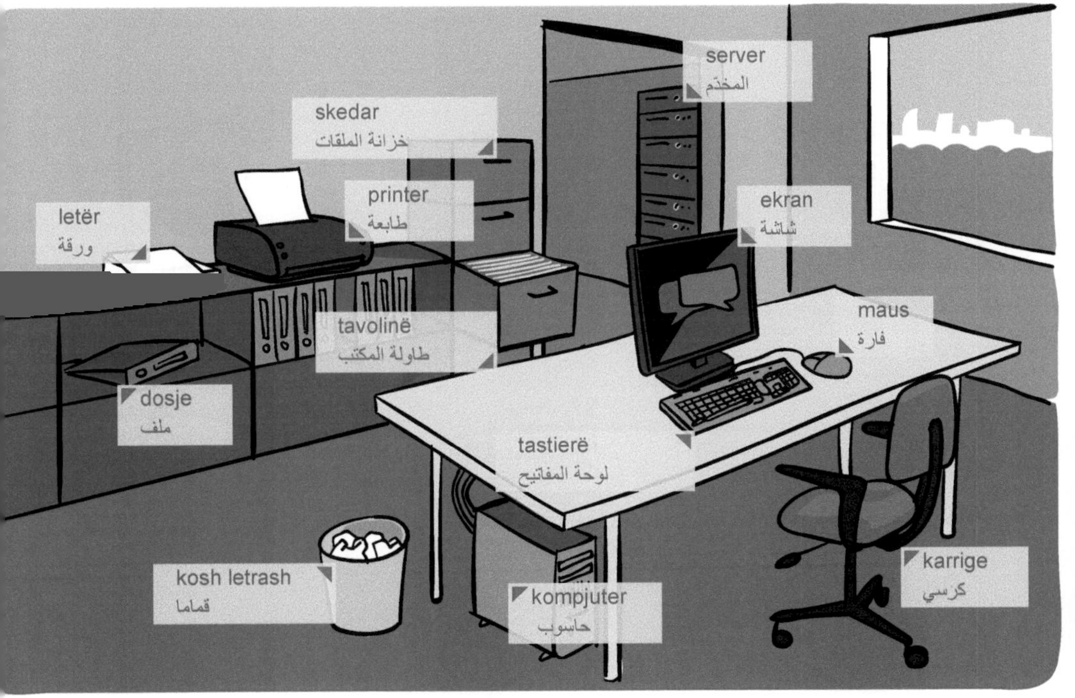

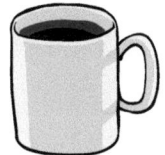

filxhan kafeje

كأس من القهوة

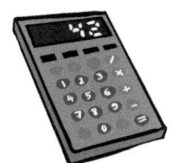

makinë llogaritëse

الآلة الحاسبة

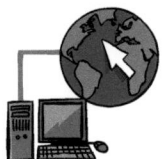

internet

الإنترنت

kompjuter portativ

الحاسوب المحمول

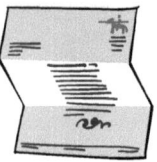

letër

رسالة

mesazh

خبر

telefon

الهاتف المحمول

rrjet

شبكة

fotokopje

جهاز تصوير

program

البرمجيات

telefon

هاتف

prizë

مقبس كهربائي

pajisje faksi

فاكس

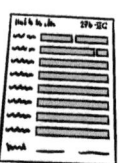

formular

استمارة

dokument

وثيقة

blej

يشتري

paguaj

يدفع

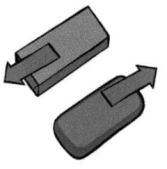

tregtoj

يتاجر

para

مال

dollar

دولار

euro

يورو

jen

ين

rubla

روبل

franga zvicerane

فرنك سويسري

juani kinez

يوان

rupje

روبية

bankomat

صرّاف آلي

pikë këmbimi valutor

مكتب صرافة

ar

ذهب

argjend

فضة

nafta

نفط

energji

طاقة

çmim

سعر

kontratë

عقد

taksë

ضريبة

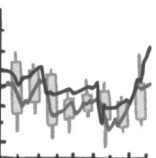

aksione

سهم

punoj

يعمل

punonjës

موظف

punëdhënës

رب العمل

fabrikë

مصنع

dyqan

متجر

profesionet
المِهَن

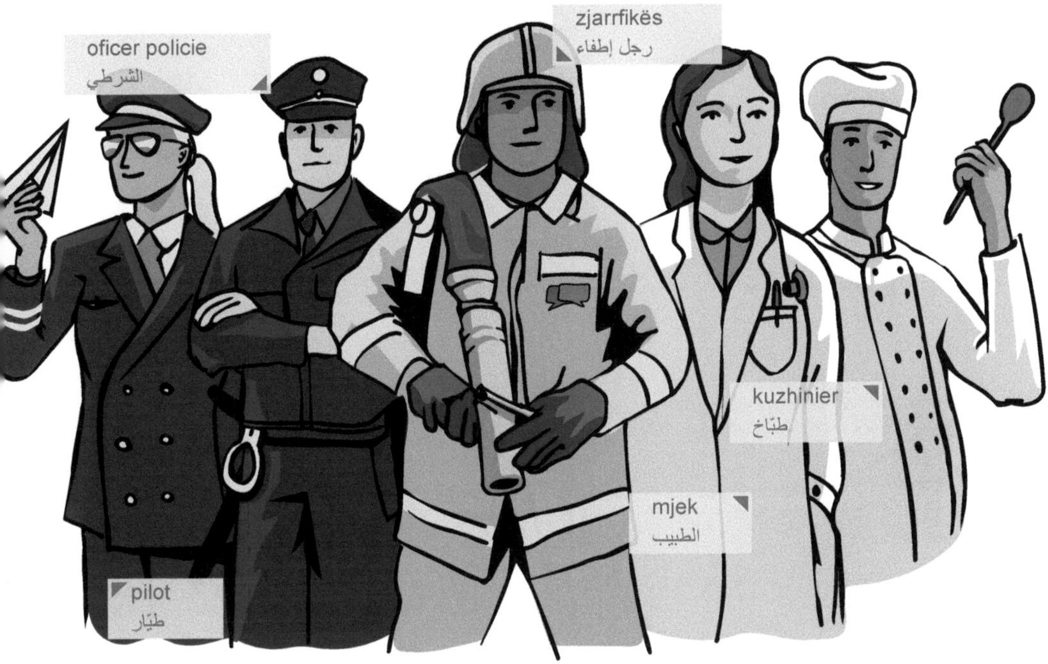

oficer policie
الشرطي
zjarrfikës
رجل إطفاء
kuzhinier
طبّاخ
mjek
الطبيب
pilot
طيّار

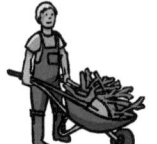

kopshtar

بستاني

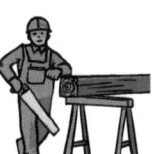

marangoz

نجّار

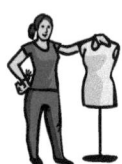

rrobaqepëse

خيّاطة

gjykatës

قاض

kimist

كيميائي

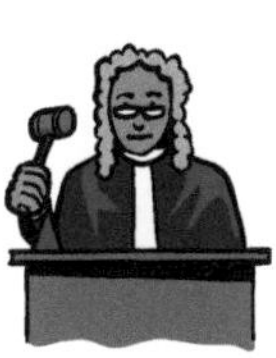

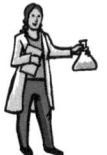

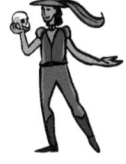

aktor

ممثل

shofer autobuzi

سائق حافلة

taksist

سائق تاكسي

peshkatar

صياد سمك

pastruese

أجيرة للتنظيف

riparues çatish

بنّاء سقف

kamarier

نادل

gjuetar

صيّاد

piktor

رسّام

furrxhi

خبّاز

elektriçist

كهربائي

ndërtues

عامل بناء

inxhinier

مهندس

kasap

لحّام

hidraulik

سمكري

postieri

ساعي البريد

ushtar

جندي

arkitekt

مهندس معماري

arkëtar

أمين صندوق

luleshitës

بائع الزهور

berber

حلاق

kontrollor

مراقب القطار

mekanik

ميكانيكي

kapiten

قبطان

dentist

طبيب أسنان

shkencëtar

رجل العلم

rabin

حاخام

imam

إمام

murg

راهب

klerik

كاهن

mjete

عدة عمل

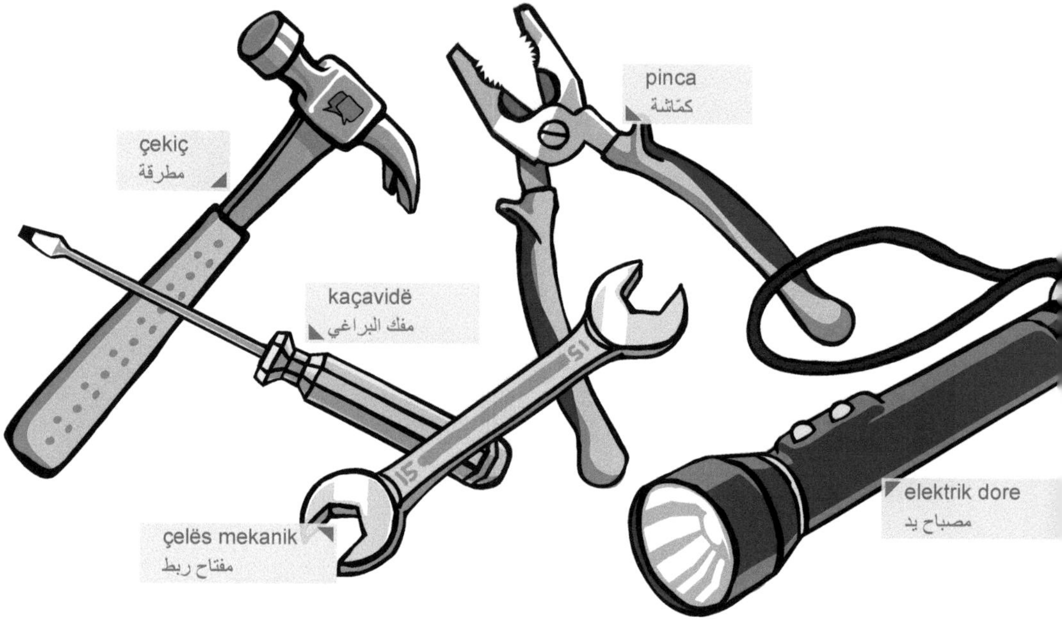

pinca
كمّاشة
çekiç
مطرقة
kaçavidë
مفك البراغي
elektrik dore
مصباح يد
çelës mekanik
مفتاح ربط

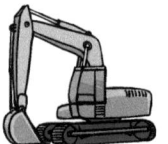

ekskavator

جرافة

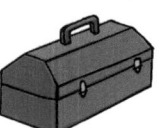

kuti veglash

صندوق العدة

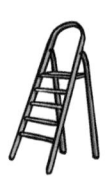

shkallë

سلّم

sharrë

منشار

gozhdë

مسامير

trapan

مثقب

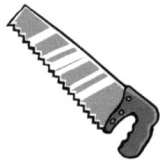

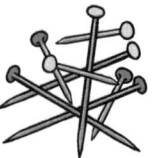

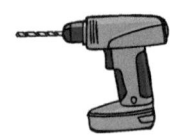

riparoj

يصلح

lopatë

مجرفة

Dreq!

اللعنة

kaci

لقاطة الكناسة

kuti boje

سطل الألوان

vidhë

براغي

instrumenta muzikorë

آلات موسيقية

altoparlant
مكبر الصوت

bateri
آلات الإيقاع

kitare
غيتار

kontrabas
كمان أجهر

trompë
بوق

piano

بيانو

violinë

كمنجة

bas

جهير

tamburë

طبل كبير

daulle

طبل

tastierë pianoje

بيانو كهربائي

saksofon

ساكسوفون

flaut

ناي

mikrofon

ميكروفون

kopsht zoologjik

حديقة حيوانات

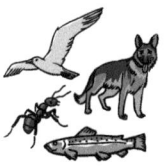

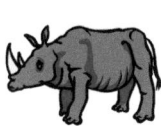

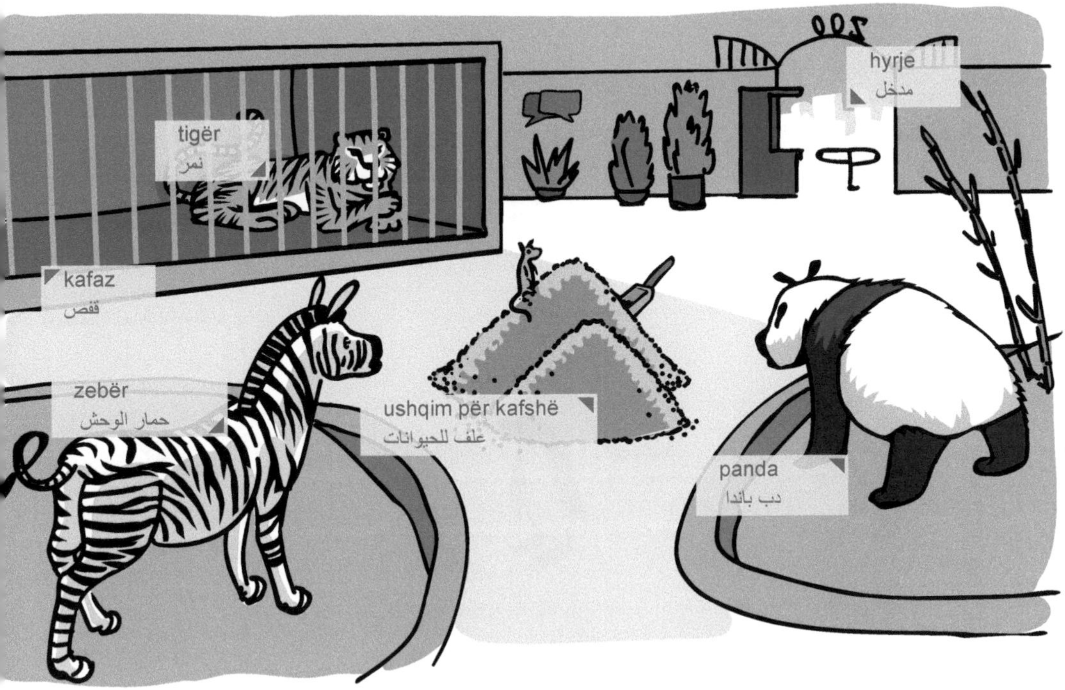

hyrje
مدخل
tigër
نمر
kafaz
قفص
zebër
حمار الوحش
ushqim për kafshë
علف للحيوانات
panda
دب باندا

kafshë
....
حيوانات

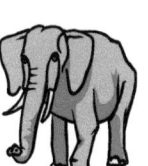

elefant
....
فيل

kangur
....
كنغر

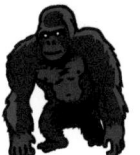

rinoceront
....
وحيد القرن

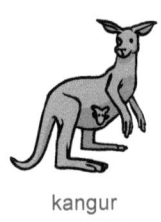

gorillë
....
غوريلا

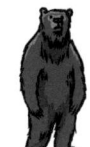

ari
....
دب

deve

جمل

struc

نعامة

luan

أسد

majmun

قرد

flamingo

طائر فلامينغو

papagall

ببغاء

ari polar

دب قطبي

pinguin

بطريق

peshkaqen

سمك القرش

pallua

طاووس

gjarpër

أفعى

krokodil

تمساح

punonjës i kopshtit zoologjik

حارس في حديقة الحيوان

fokë

عجل البحر

xhaguar

نمر أمريكي مرقط

poni

فرس قزم

leopard

نمر

hipopotam

فرس النهر

gjirafë

زرافة

shqiponjë

نسر

derr i egër

خنزير برّي

peshk

سمك

breshkë

سلحفاة

lopë deti

حيوان فظ البحري

dhelpër

ثعلب

gazelë

غزال

futboll amerikan
كرة القدم الأمريكية

çiklizëm
ركوب الدراجات

tenis
كرة التنس

basketboll
كرة السلة

not
السباحة

boks
الملاكمة

hokej mbi akull
هوكي الجليد

futboll

كرة القدم

badminton

الريشة الطائرة

atletikë

ألعاب القوى الخفيفة

hendboll

كرة اليد

ski

التزلج على الثلج

polo

بولو

qesh
يضحك

hidhem
يقفز

përqafoj
يعانق

eci
يمشي

këndoj
يغني

ëndërroj
يحلم

lutem
يصلّي

puth
يقبّل

shkruaj
يكتب

vizatoj
يرسم

tregoj
يُري

shtyj
يدفع

jap
يعطي

marr
يأخذ

kam

يملك

bëj

يعمل

jam

يوجد

qëndroj

يقف

vrapoj

يركض

tërheq

يسحب

hedh

يرمي

bie

يقع

shtrihem

يستلقي

pres

ينتظر

mbaj

يحمل

ulem

يجلس

vishem

يلبس

fle

ينام

zgjohem

يستيقظ

shikoj

ينظر إلى ..

qaj

يبكي

përkëdhel

يمسّد

kreh

يمشّط

bisedoj

يتكلّم

kuptoj

يفهم

kërkoj

يسأل

dëgjoj

يسمع

pi

يشرب

ha

يأكل

sistemoj

يرتّب

dashuroj

يحب

gatuaj

يطبخ

drejtoj makinën

يقود

fluturoj

يطيّر

lundroj

يبحر بزورق شراعي

llogaris

يحسب

lexoj

يقرأ

mësoj

يتعلم

punoj

يعمل

martohem

يتزوج

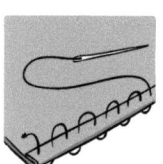

qep

يخيط

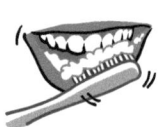

laj dhëmbët

ينظف أسنانه

vras

يقتّل

tymos

يدخّن

dërgoj

يرسل

familje
عائلة

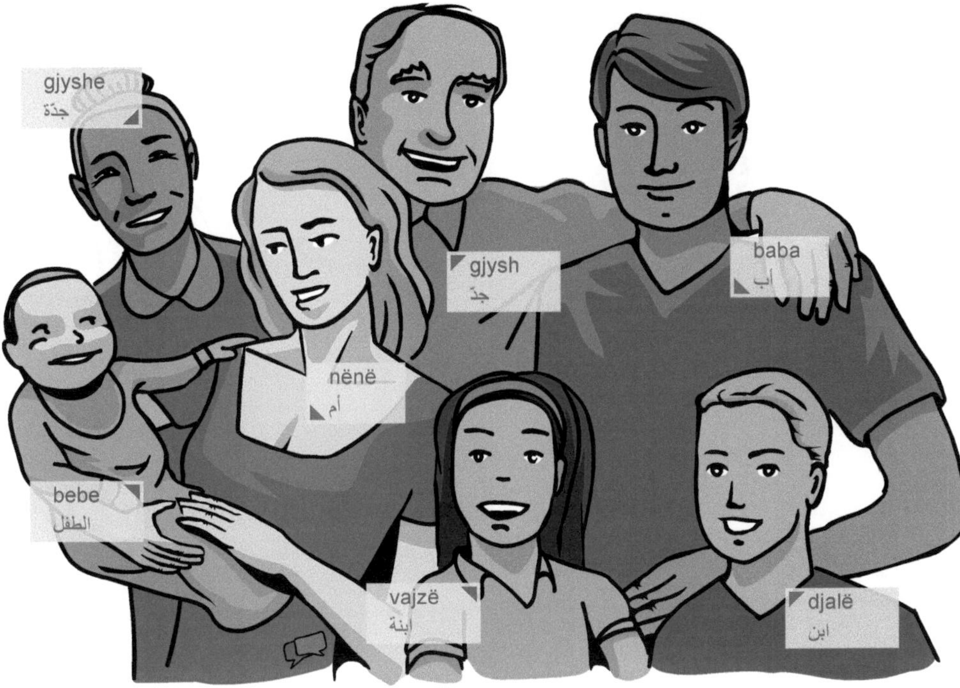
gjyshe
جدّة
gjysh
جدّ
baba
أب
nënë
أم
bebe
الطفل
vajzë
ابنة
djalë
ابن

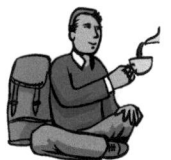

mysafir

ضيف

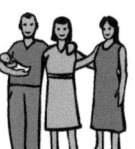

teze, hallë

عمّة / خالة

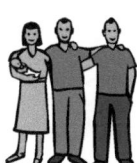

dajë, xhaxha

عمّ / خال

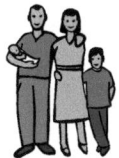

vëlla

أخ

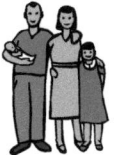

motër

أخت

trupi
الجسم

balli
الجبين
syri
العين
shpatulla
الكتف
gishti
الإصبع
fytyra
الوجه
mjekra
الذقن
dora
اليد
kraharori
الصدر
këmba
الساق
krahu
الذراع

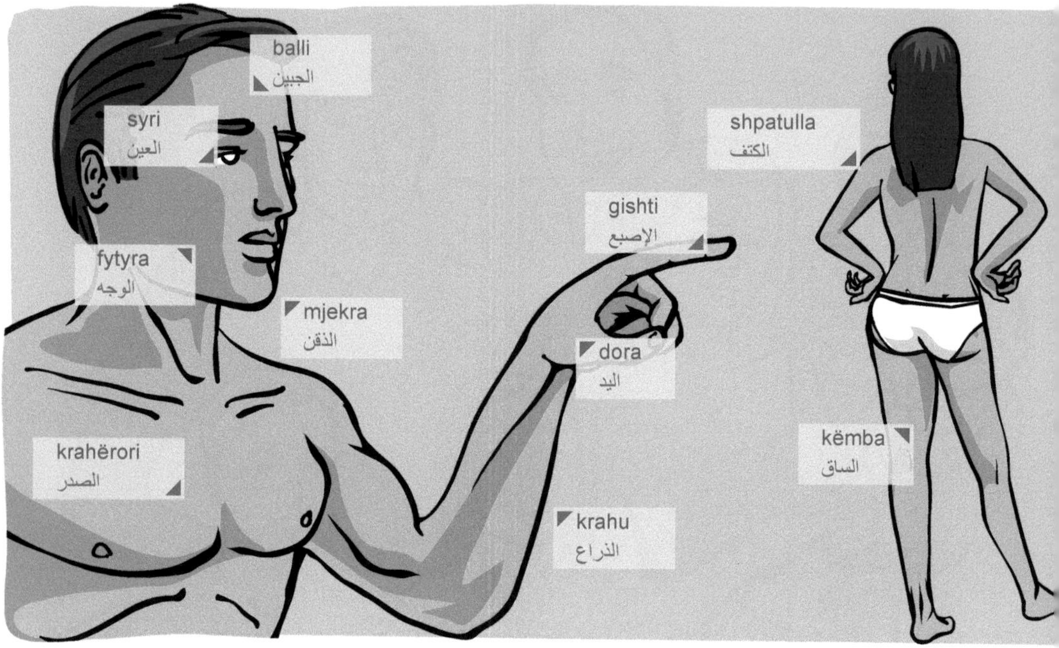

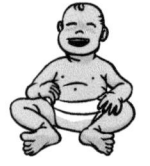

bebe
الطفل

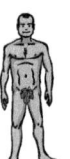

burrë
الرجل

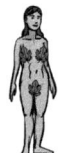

grua
المرأة

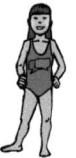

vajzë
البنت

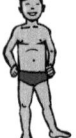

djalë
الولد

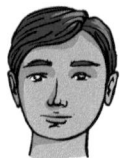

koka
الرأس

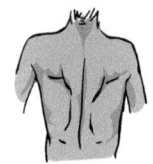

shpina

الظهر

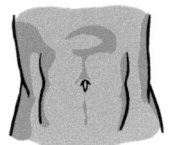

barku

البطن

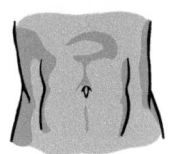

kërthiza

السرّة

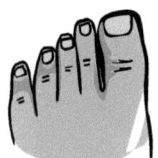

gisht këmbe

إصبع القدم

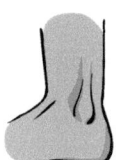

Thembra

الكعب

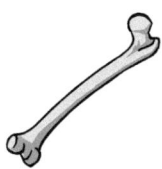

kockë

العظم

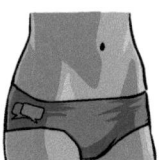

legeni

الورك

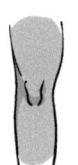

gjuri

الركبة

bërryli

المرفق

hunda

الأنف

vithe

العَجُز

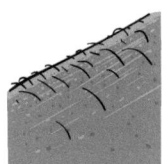

lëkura

البَشرة

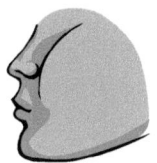

faqja

الخد

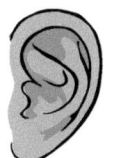

veshi

الأذن

buza

الشفة

goja

الفم

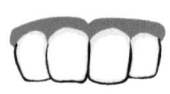

dhëmbët

السن

gjuha

اللسان

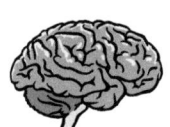

truri

الدماغ

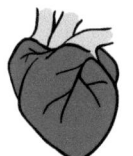

zemra

القلب

muskul

العضلة

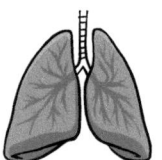

mushkëria

الرئة

mëlçia

الكبد

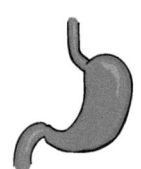

stomaku

المعدة

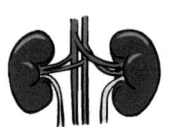

veshka

الكلى

seks

الاتصال الجنسي

prezervativ

الواقي المطاطي

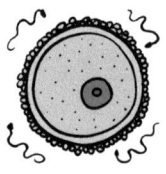

veza

البويضة

sperma

المنيّ

shtatëzani

الحمل

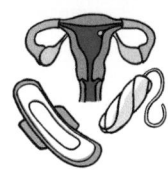

menstruacione

الحيض

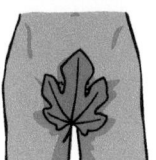

vagina

المهبل

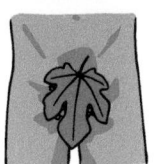

penis

القضيب

vetulla

الحاجب

flokët

الشعر

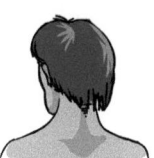

qafa

الرقبة

spital
المستشفى

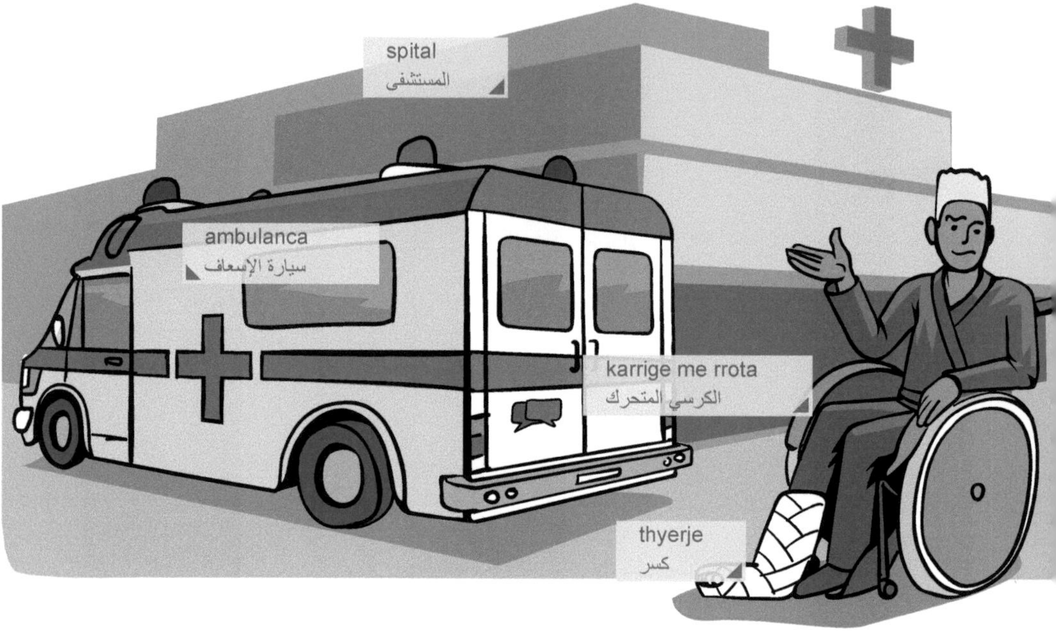

spital
المستشفى
ambulanca
سيارة الإسعاف
karrige me rrota
الكرسي المتحرك
thyerje
كسر

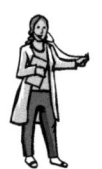

mjek
الطبيب

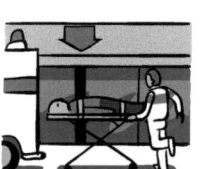

sallë urgjencash
غرفة الإسعاف

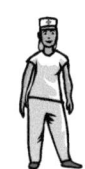

infermiere
الممرضة

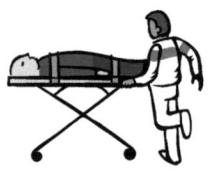

emergjencë
حالة

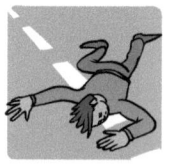

i pandërgjegjshëm
مغمى عليه

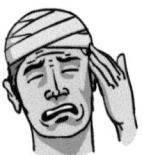

dhimbje
الألم

dëmtim

إصابة

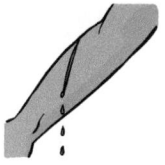

gjakosje

النزيف

infarkt

احتشاء القلب

goditje

جلطة

alergji

حسسية

kolla

السعال

ethe

الحُمَّى

grip

إنفلونزا

diarre

الإسهال

dhimbje koke

وجع الرأس

kancer

السرطان

diabet

مرض السكر

kirurg

جرّاح

bisturi

مبضع

operacion

عملية

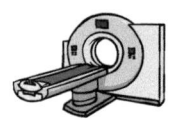

CT (skaner)

سيتي سكان

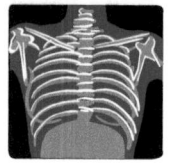

radiografi

الأشعة السينية

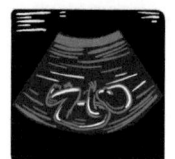

ultratingull

فوق الصوتي

maskë fytyre

القناع

sëmundje

المرض

dhomë pritjeje

غرفة الانتظار

paterica

العُكّاز

leukoplast

شريط لاصق

fasho

ضماد

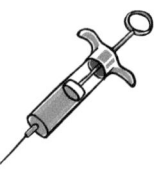

injeksion

حقنة

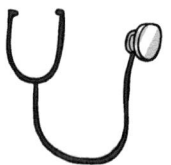

stetoskop

سمّاعة الطبيب

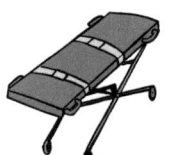

barelë

نقالة

termometër

ميزان حرارة

lindje

ولادة

mbipeshë

وزن زائد

aparat dëgjimi

جهاز السمع

dezinfektant

المواد المعقمة

infeksion

عدوى

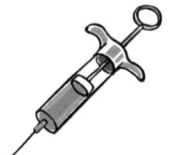

virus

فيروس

HIV / AIDS

الإيدز

mjekësi, mjekim

الطب

vaksinim

اللقاح

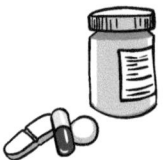

tableta

أقراص الدواء

pilulë

حبّة الدواء

telefonatë emergjence

نداء النجدة

aparat tensioni

مقياس ضغط الدم

i sëmurë / i shëndetshëm

مريض / صحيح

Ndihmë!

النجدة!

alarm

إنذار

sulm

اعتداء

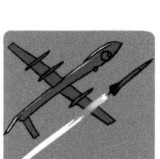

atak

هجوم

rrezik

خطر

dalje emergjence

مخرج طوارئ

Zjarr!

حريق!

fikëse zjarri

جهاز الإطفاء

aksident

حادث

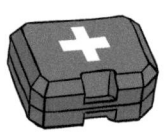

kuti e ndimës së shpejtë

حقيبة الإسعاف الأولي

SOS

أنقذونا

policia

الشرطة

Europa

أوروبا

Amerika e Veriut

أمريكا الشمالية

Amerika e Jugut

أمريكا الجنوبية

Afrika

أفريقيا

Azia

آسيا

Australia

أستراليا

Atlantiku

المحيط الأطلسي

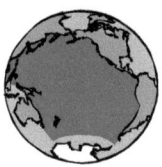

Paqësori

المحيط الهادي

Oqeani Indian

المحيط الهندي

Oqeani Antarktik

المحيط المتجمد الجنوبي

Oqeani Arktik

المحيط المتجمد الشمالي

Poli i veriut

القطب الشمالي

Poli i Jugut

القطب الجنوبي

Antarktida

منطقة القطب الجنوبي

toka

أرض

tokë

بر

det

بحر

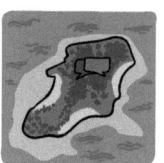

ishull

جزيرة

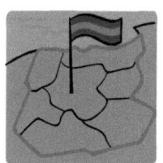

komb

أمة

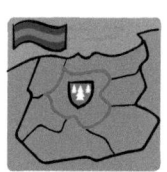

shtet

دولة

fusha e orës

ميناء الساعة

akrepi i orës

عقرب الساعات

akrepi i minutave

عقرب الدقائق

akrepi i sekondave

عقرب الثواني

Sa është ora?

كم الساعة الآن؟

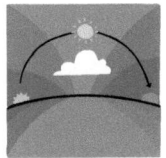

ditë

يوم

kohë

زمن

tani

الآن

orë dixhitale

ساعة رقمية

minutë

دقيقة

orë

ساعة

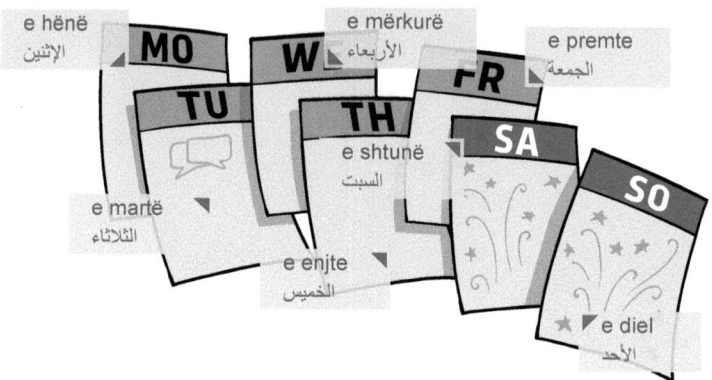

e hënë — الإثنين
MO

TU

e martë — الثلاثاء

W — e mërkurë — الأربعاء

TH

e enjte — الخميس

e shtunë — السبت

FR — e premte — الجمعة

SA

SO

e diel — الأحد

dje

الأمس

sot

اليوم

nesër

غدا

mëngjes

الصباح

mesditë

الظهر

mbrëmje

المساء

MO	TU	WE	TH	FR	SA	SU
1	2	3	4	5	6	7
8	9	10	11	12	13	14
15	16	17	18	19	20	21
22	23	24	25	26	27	28
29	30	31	1	2	3	4

ditë pune

أيام العمل

MO	TU	WE	TH	FR	SA	SU
1	2	3	4	5	6	7
8	9	10	11	12	13	14
15	16	17	18	19	20	21
22	23	24	25	26	27	28
29	30	31	1	2	3	4

fundjavë

نهاية الأسبوع

vit
سنة

shi
مطر
ylber
قوس قزح
erë
ريح
borë
ثلج
pranverë
الربيع
verë
الصيف
vjeshtë
الخريف
dimër
الشتاء

4.APRIL 11°
5.APRIL 4°
6.APRIL 13°
7.APRIL 8°
8.APRIL 10°

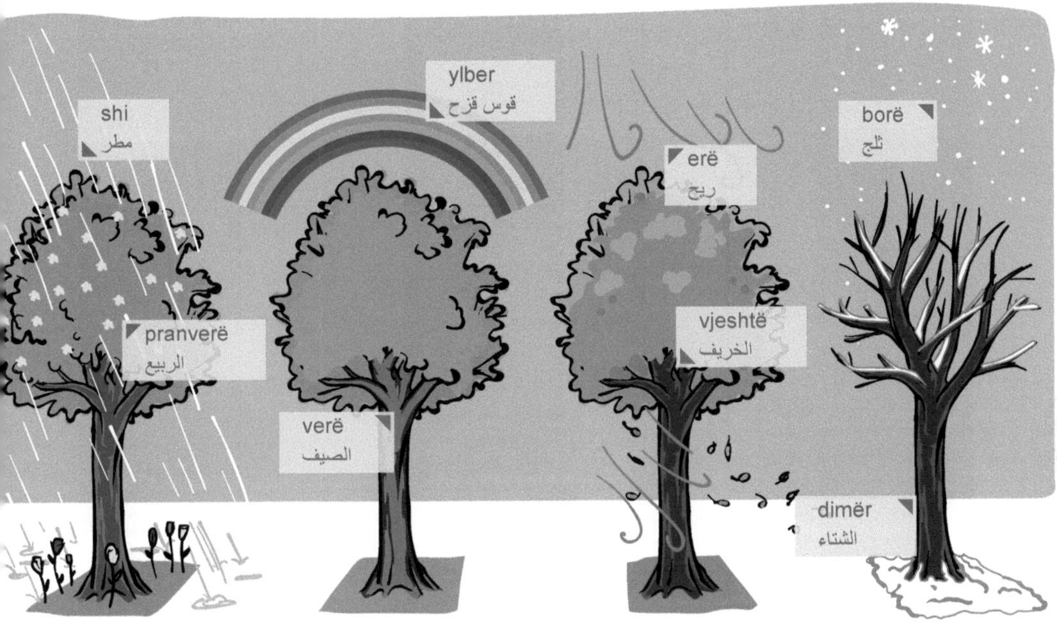

parashikimi i motit
التنبؤ بالحالة الجوية

F C
120 40
90 30
60 20
30 10
0 0
-30 -10
-20

termometër
مقياس حرارة

ndriçim dielli
ضوء الشمس

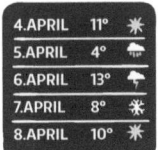

re
سحابة

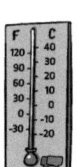

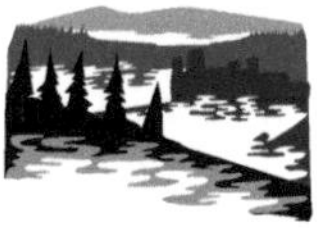

mjegull
ضباب

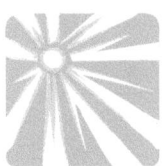

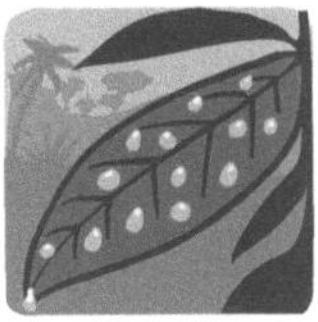

lagështi
رطوبة الجو

vetëtima

برق

gjëmim

رعد

stuhi

عاصفة

breshër

بَرَد

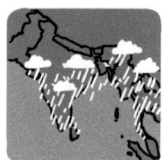

muson

ريح موسمية

përmbytje

طوفان

akull

جليد

janar

كانون الثاني / يناير

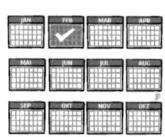

shkurt

شباط / فبراير

mars

آذار / مارس

prill

نيسان / أبريل

maj

أيار / مايو

qershor

حزيران / يونيو

korrik

تموز / يوليو

gusht

آب / أغسطس

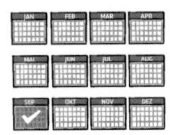

shtator

....

أيلول / سبتمبر

tetor

....

تشرين الأول / أكتوبر

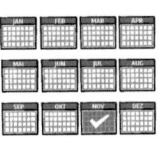

nëntor

....

تشرين الثاني / نوفمبر

dhjetor

....

كانون الأول / ديسمبر

forma

أشكال

rreth

....

دائرة

katror

....

مربّع

drejtkëndësh

....

مستطيل

trekëndësh

....

مثلث

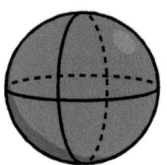

sferë

....

كرة

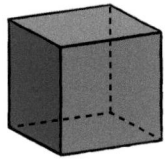

kub

....

مكعب

e bardhë

أبيض

e verdhë

أصفر

portokalli

برتقالي

rozë

وردي

e kuqe

أحمر

vjollcë

بنفسجي

blu

أزرق

e gjelbër

أخضر

kafe

بنّي

gri

رمادي

e zezë

أسود

shumë / pak

كثير / قليل

i nevrikosur / i qetë

غضبان / هادئ

i bukur / i shëmtuar

جميل / قبيح

fillim / fund

بداية / نهاية

i madh / i vogël

كبير / صغير

i ndritshëm / i errët

فاتح / قاتم

vëlla / motër

أخ / أخت

e pastër / e pistë

نظيف / وسخ

e plotë / jo e plotë

كامل / ناقص

ditë / natë

نهار / ليل

gjallë / vdekur

ميت / حيّ

i gjerë / i ngushtë

عريض / ضيّق

i ngrënshëm / i pangrënshëm

صالح للأكل / غير صالح

i keq / i këndshëm

شرّير / لطيف

i lumtur / i mërzitur

مثير / ممل

i shëndoshë / i dobët

سمين / نحيف

e para / e fundit

أولا / أخيراً

mik / armik

صديق / عدو

plot / bosh

مليء / فارغ

e fortë / e butë

صلب / لين

e rëndë / e lehtë

ثقيل / خفيف

uri / etje

جوع / عطش

i sëmurë / i shëndetshëm

مريض / صحيح

e paligjshme / e ligjshme

غير شرعي / شرعي

i zgjuar / budalla

ذكي / غبي

majtas / djathtas

يسار / يمين

afër / larg

قريب / بعيد

e re / e përdorur

جديد / مستعمل

asgjë / diçka

لا شيء / بعض الشيء

i moshuar / i ri

مسين / شاب

ndezur / fikur

يشعل / يطفئ

hapur / mbyllur

مفتوح / مغلق

i qetë / i zhurmshëm

خافت / عالٍ

i pasur / i varfër

غني / فقير

e drejtë / e gabuar

صح / خطأ

i ashpër / i butë

أحرش / املس

i mërzitur / i lumtur

حزين / سعيد

i shkurtër / i gjatë

قصير / طويل

ngadalë / shpejt

بطيء / سريع

i lagësht / i thatë

مبلول / جاف

ngrohtë / freskët

ساخن / بارد

luftë / paqe

حرب / سلم

0

zero

صفر

1

një

واحد

2

dy

اثنان

3

tre

ثلاثة

4

katër

أربعة

5

pesë

خمسة

6

gjashtë

ستة

7

shtatë

سبعة

8

tetë

ثمانية

9

nentë

تسعة

10

dhjetë

عشرة

11

njëmbëdhjetë

أحد عشر

12

dymbëdhjetë

ﺍﺛﻨﺎ ﻋﺸﺮ

13

trembëdhjetë

ﺛﻼﺛﺔ ﻋﺸﺮ

14

katërmbëdhjetë

ﺃﺭﺑﻌﺔ ﻋﺸﺮ

15

pesëmbëdhjetë

ﺧﻤﺴﺔ ﻋﺸﺮ

16

gjashtëmbëdhjetë

ﺳﺘﺔ ﻋﺸﺮ

17

shtatëmbëdhjetë

ﺳﺒﻌﺔ ﻋﺸﺮ

18

tetëmbëdhjetë

ﺛﻤﺎﻧﻴﺔ ﻋﺸﺮ

19

nentëmbëdhjetë

ﺗﺴﻌﺔ ﻋﺸﺮ

20

njëzetë

ﻋﺸﺮﻭﻥ

100

qind

ﻣﺎﺋﺔ

1.000

mijë

ﺃﻟﻒ

1.000.000

milion

ﻣﻠﻴﻮﻥ

anglisht

الإنكليزية

anglishte amerikane

الإنكليزية الأمريكية

kinezisht mandarin

لغة ماندارين الصينية

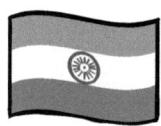

hindi

الهندية

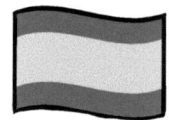

spanjisht

الإسبانية

frëngjisht

الفرنسية

arabisht

العربية

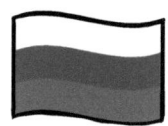

rusisht

الروسية

portugalisht

البرتغالية

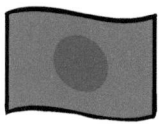

bengalisht

البنغالية

gjermanisht

الألمانية

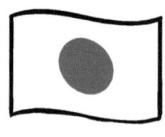

japonisht

اليابانية

unë

أنا

ti

أنت

ai / ajo

هو / هي

ne

نحن

ju

أنتم

ata

هم

kush?

من؟

çfarë?

ماذا؟

si?

كيف؟

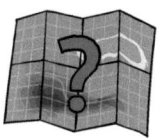

ku?

أين؟

kur?

متى؟

emër

اسم

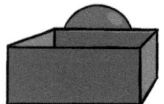

pas

خلف

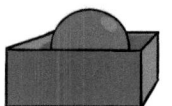

në

في

përballë

أمام

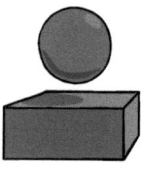

sipër

فوق

mbi

على

poshtë

تحت

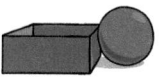

pranë

جنب

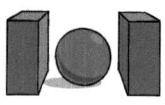

midis

بين

vend

مكان